DAS KLEINE
ALLES-WIRD-GUT-BUCH

arsEdition

HALLO ... DA BIST DU JA.

ES GEHT DIR HOFFENTLICH GUT?
DAS IST MIR NÄMLICH SEHR WICHTIG.
DU BIST MIR SEHR WICHTIG.

Ich möchte dir Kraft, Selbstvertrauen
und eine Portion Zuversicht schenken.
Denn glaub mir, alles wird wieder gut,
wenn du an dich glaubst!

Du fühlst dich prima,
bist gut gelaunt und
stark wie ein Tiger?

WOW!

DAS FREUT MICH SO RICHTIG FÜR DICH!

Falls dein Leben aber gerade mehr
nach Knäckebrot als nach Käsetorte
schmecken sollte und du eine kleine
Aufmunterung gebrauchen kannst,
habe ich da was für dich.

Schau mal auf den nächsten Seiten nach ...

ICH BIN STOLZ AUF DICH!

♥

Du bist tapfer!
Du gibst dir viel Mühe!
Ich finde, du machst
das richtig gut!

Du kannst auch ruhig
stolz auf DICH sein.

Besonders dann, wenn nicht
immer alles perfekt läuft.

DU BIST EIN MENSCH MIT
ECHTEN GEFÜHLEN,

UND KEIN

ROBOTER.

Wie langweilig wäre es doch,
würden immer alle Menschen gut
gelaunt sein, blendend aussehen
und niemals Fehler machen.

Das wäre doch irgendwie – nicht real.

DEIN KOPF SAGT DIR,
DASS DU NOCH BESSER,
SCHNELLER ODER
IRGENDWIE ANDERS SEIN
MÜSSTEST?

Ich glaube, deine Gedanken spielen
dir gerade einen Streich.

Vielleicht hast du in letzter
Zeit zu viele Geschichten
gelesen, in denen die Leute
alle schön, erfolgreich und
talentiert sind.

Und jetzt machen sich die Bilder in deinem Kopf selbstständig und du denkst: Warum geht bei mir nicht einfach alles viel leichter?

ABER GANZ EHRLICH:

Warum mit anderen vergleichen?

UND DAZU NOCH MIT MENSCHEN,
DIE VIELLEICHT NUR SO TUN,
ALS OB ALLES GUT WÄRE?

Statt dich zu vergleichen,
versuch es doch mal so zu sehen:
Wir sind alle verschieden.

Und genau darin liegt unsere

SUPERKRAFT.

EIN KAKTUS ZUM BEISPIEL
WÜRDE SICH NIEMALS MIT EINER
ROSE VERGLEICHEN, ODER?

Für jeden bedeutet
wachsen, blühen und reifen
doch etwas anderes.

Und jeder hat dabei sein ganz eigenes
Tempo und geht seinen eigenen Weg.

Falls du also mal wieder Vergleiche ziehst, die dir nicht guttun:

EINFACH HIER WEITERBLÄTTERN.

DU BIST TOLL.

DU BIST SCHÖN.

DU BIST STARK.

Denn:

DU BIST DU!

Du könntest noch eine kleine
Aufmunterung gebrauchen?
Dann pflücke dir von der nächsten
Seite das, wovon du gerade gern
noch ein bisschen mehr hättest:

Motivation

Selbst-
bewusstsein

Harmonie

Energie

Gelassenheit

Weisheit

ABER KLAR, MANCHMAL HILFT
AUCH DAS ALLES NICHT UND
DAS LEBEN FÜHLT SICH EINFACH
ANSTRENGEND ODER UNGERECHT
AN. DANN IST ES OKAY, WENN
MAN DAS AUCH MAL LAUT SAGT.

Lass es ruhig raus und andere hören:

BÄHHHHHHHHHH

SCHLUCHZ

GRRRRRR

GRMPFFFF

ROARRRR

DU HAST ES VERDIENT,

- dich geliebt zu fühlen,
- dich wohlzufühlen,
- so sein zu dürfen, wie du bist ...

pizza
coffee
sleep

YOU

UND deine Gefühle zeigen zu dürfen.

Wenn die Welt sich für dich mal mehr BÄH als WOW anfühlen sollte, dann tut es auch ganz gut, die positiven Seiten ins Licht zu rücken.

WENN DU ALSO MAL WIEDER
DAS GEFÜHL HABEN SOLLTEST, DASS
SICH DEIN LEBEN GERADE NICHT
»RICHTIG« ANFÜHLT, DANN
PROBIERE ES MAL MIT DIESEN
VORSCHLÄGEN:

♥

SAG ZU DIR SELBST:

Kleine Fehler dürfen passieren.

Ich mag mich!

Von meinen Fehlern habe ich gelernt.

Ich entwickle mich weiter.

Ich weiß noch nicht genau, wie, aber
ich werde es schon hinbekommen.

UND NICHT:

Ich bin so blöd!

Keiner findet mich nett.

Ich bin nicht gut genug.

Ich kann mich nicht ändern.

Immer mache ich alles falsch.

Es ist soooooooooooooo
wichtig, dass du deine
Einzigartigkeit erkennst.
Denn wenn du deinen
Wert kennst, kann dir
niemand das Gefühl geben,
wertlos zu sein.

PROBIER ES DOCH MAL DAMIT UND SAG DIESE SÄTZE LAUT VOR DICH HIN:

- Wie schön, dass es mich gibt!
- Ich mag mich so, wie ich bin.
- Ich bin ein wundervoller Mensch, der einfach sein Bestes gibt.

Wie fühlt sich das für dich an?

WENN DU DIR VORSTELLST,
WAS DAS LEBEN NOCH ALLES
WUNDERBARES FÜR DICH BEREITHÄLT,
DANN KANNST DU DICH RICHTIG
FREUEN:

- schöne Begegnungen
- nette und freundliche Menschen
- liebevolle Umarmungen
- zusammen lachen
- kleine Erfolge
- und viele Erfahrungen, die dich wachsen und reifen lassen.

Und falls du in den letzten Wochen
das Gefühl gehabt haben solltest,
dass es nicht so richtig vorangegangen
ist, hier eine leise Erinnerung:

Auch unscheinbare Glücksmomente
zählen. Und auch kleine Schritte bringen
dich deinem Ziel ein Stückchen näher.

Und manchmal sind es auch die Umwege,
die sich als besonders wichtig erweisen.

ES GIBT ALSO KEINE VERLORENE ZEIT.

Darum: Weiter so!

Und denk immer dran:

ES IST SCHÖN, DASS DU DA BIST!

Alles wird gut und du machst das super!

In einigen Fällen war es nicht möglich, für den Abdruck der Texte die Rechteinhaber zu ermitteln. Honoraransprüche der Autoren, Verlage und ihrer Rechtsnachfolger bleiben gewahrt.

© 2021 arsEdition GmbH, Friedrichstr. 9, D-80801 München
arsedition.de/service • Alle Rechte vorbehalten.

<u>Covermotiv:</u> Alenka Karabanova / Shutterstock.com, JosepPerianes / Shutterstock.com,
Charunee Yodbun / Shutterstock.com
<u>Motive Innenteil:</u> alle Motive Alenka Karabanova / Shutterstock.com, sowie: S. 7: little
Whal / Shutterstock.com, S. 11: HelgaLin / Shutterstock.com, S. 13: Olgastocker / Shutterstock.com, S. 15: AngieYeoh / Shutterstock.com, S. 17: MicroOne / Shutterstock.com, S. 22,
23, 36: Marish / Shutterstock.com, S. 44: dottystudio / Shutterstock.com,
<u>Hintergrund:</u> Charunee Yodbun / Shutterstock.com

Gestaltung: Judith Jänsch, arsEdition GmbH

ISBN 978-3-8458-4655-2

Wir behalten uns die Nutzung unserer Inhalte für Text und
Data Mining im Sinne von § 44b UrhG ausdrücklich vor.

www.arsedition.de

MIX
Papier | Fördert
gute Waldnutzung
FSC® C018236